This Coloring Book Belongs To :

_____

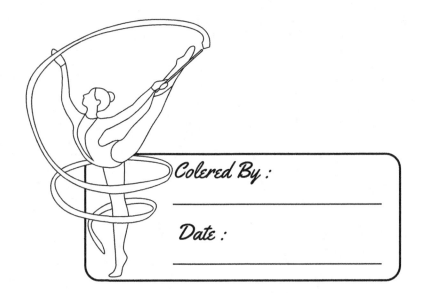

Colered By :

_____

Date :

_____

Colered By :

_____

Date :

_____

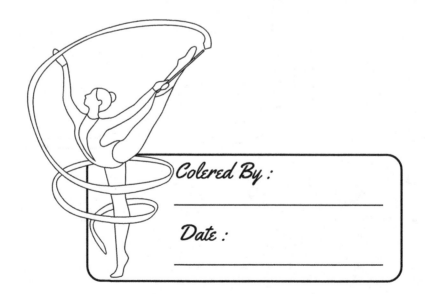

Colered By :

_____

Date :

_____

Colered By :

_____

Date :

_____

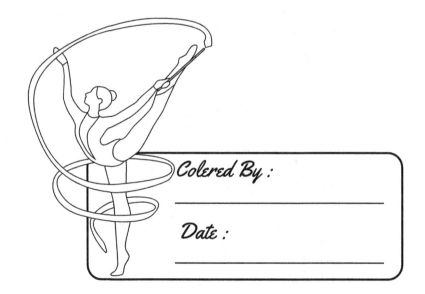

Colered By :

_____

Date :

_____

Colered By :

_____

Date :

_____

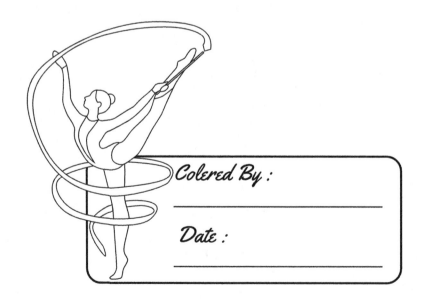

Colered By :

_____

Date :

_____

Colered By :

_____

Date :

_____

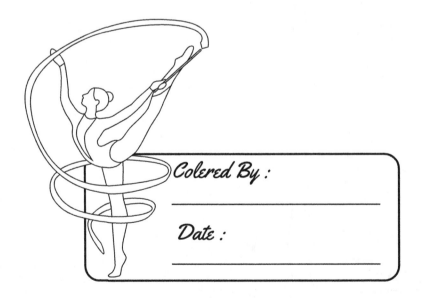

Colered By :

_____

Date :

_____

Colered By :

_____

Date :

_____

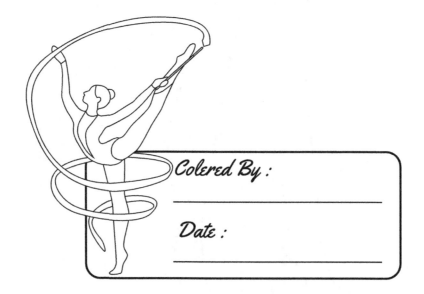

Colered By :

_____

Date :

_____

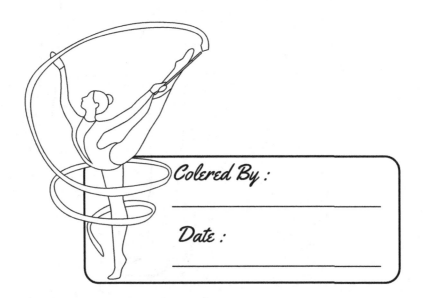

Colered By :

_____

Date :

_____

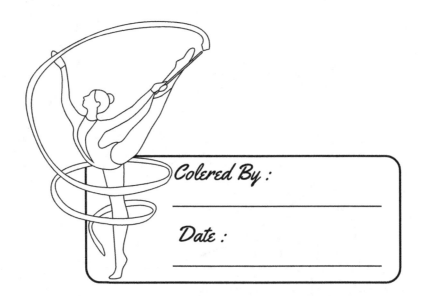

Colered By :

_____

Date :

_____

Colered By :

_____

Date :

_____

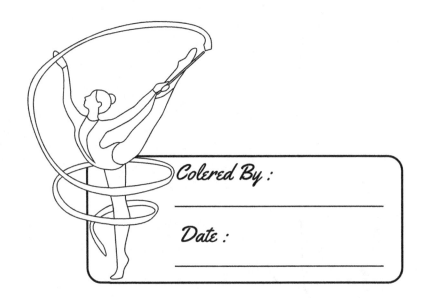

Colered By :

_____

Date :

_____

Colered By :

_____

Date :

_____

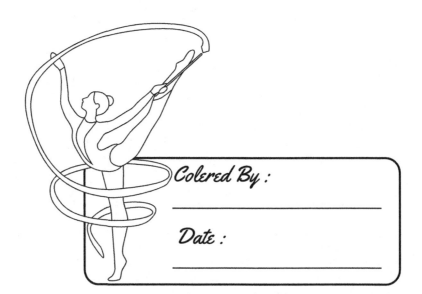

Colered By :

_____

Date :

_____

Colered By :

_____

Date :

_____

Colered By :

_____

Date :

_____

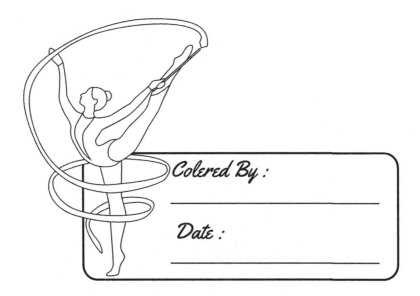

Colered By :

_____

Date :

_____

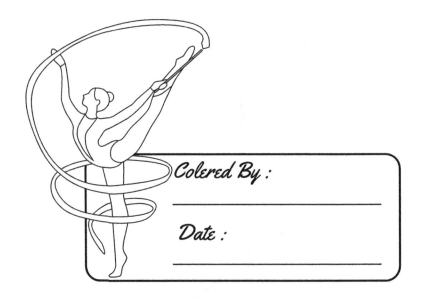

Colered By :

_____

Date :

_____

Colered By :

_____

Date :

_____

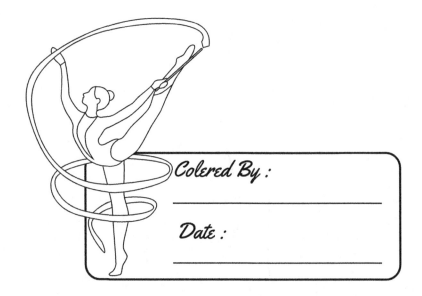

Colered By :

_____

Date :

_____

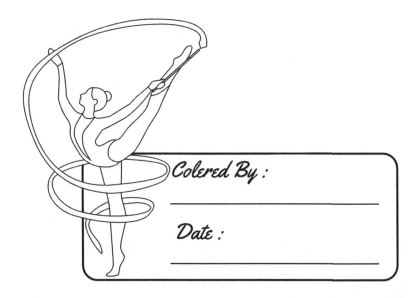

Colered By :

_____

Date :

_____

Colered By :

_____

Date :

_____

Colered By :

_____

Date :

_____

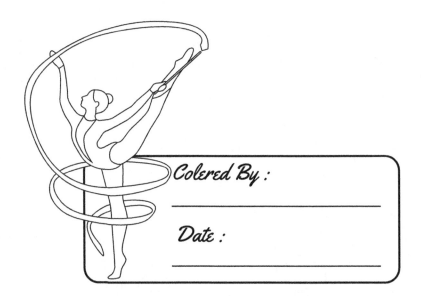

Colered By :

_____

Date :

_____

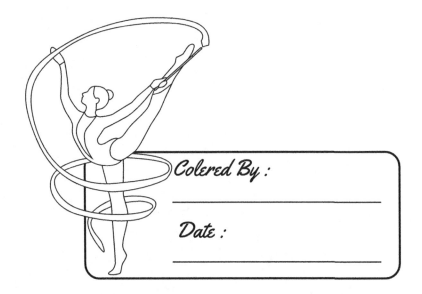

Colered By :

_____

Date :

_____

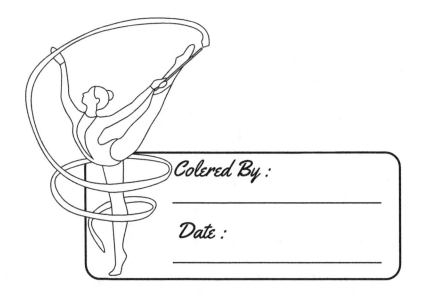

Colered By :

_____

Date :

_____

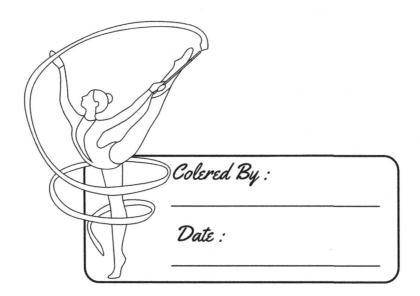

Colered By :

_____

Date :

_____

Made in the USA
Las Vegas, NV
18 April 2024

88874251R00037